Trompette

TOUT-EN-UN Livre + cahier

À petits pas

1
Niveau A1.1

Pour accéder à l'audio, à la vidéo, aux jeux interactifs
et à toutes les ressources complémentaires, 2 options :

1. Rendez-vous sur l'espace digital
trompette.cle-international.com

2. **Scannez le QR code** situé en bas
de chaque page pour un accès direct
à ses ressources.

Hélène Vanthier
Linda Maldji

TABLEAU DES CONTENUS

A1.1	Communication	Lexique
UNITÉ 0 **JE DÉCOUVRE LE FRANÇAIS !** Livre, p. 4 Cahier, p. 44	**Saluer :** *Bonjour ! Coucou !* **Dire et demander comment on s'appelle :** *Je m'appelle… Et toi ?* **Inviter quelqu'un à participer à une activité :** *Viens vite !*	Salutations Mots transparents L'alphabet en français
UNITÉ 1 **COUCOU LES AMIS !** Livre, p. 8 Cahier, p. 48 	**Présenter quelqu'un :** *C'est… Il/Elle s'appelle…* **Se présenter :** *Moi, c'est…* **Dire et demander comment ça va :** *Ça va ? Très bien ! Et toi ?* **Nommer des couleurs :** *C'est bleu, c'est rouge…* **Décrire quelque chose :** *C'est un bateau jaune.* **Compter de 1 à 10.** **Demander et dire son âge :** *J'ai 7 ans. Et toi ?* **Dire où on habite :** *Noé habite à Paris.*	Personnages de la méthode Couleurs Nombres de 1 à 10
UNITÉ 2 **EN ROUTE POUR L'ÉCOLE !** Livre, p. 18 Cahier, p. 58 	**Identifier quelque chose :** *Qu'est-ce que c'est ? C'est un cartable, Ce sont des ciseaux.* **Dire ce qu'il y a dans son cartable :** *Dans mon cartable, il y a…* **Dire ce que l'on met :** *Je mets un pantalon, des chaussettes…* **Décrire quelqu'un :** *Elle porte une jupe jaune.* **Exprimer ses goûts (1) :** *J'aime dessiner… J'aime beaucoup jouer…* **Nommer les jours de la semaine.** **Parler de son emploi du temps :** *le lundi j'ai école, le week-end je suis à la maison.*	Matériel scolaire Vêtements et accessoires Activités que l'on fait à l'école Les jours de la semaine

MÈNE L'ENQUÊTE AVEC MILO ET OUAF – *Mystère à l'école*
p. 28

UNITÉ 3 **C'EST LA FÊTE AU JARDIN !** Livre, p. 30 Cahier, p. 68 	**Nommer des fruits et des aliments :** *un ananas, une pomme, des olives…* **Identifier quelque chose :** *Il y a des bananes. Il n'y a pas de kiwis.* **Demander et remercier poliment :** *Des pommes, s'il vous plaît !* *Merci monsieur, madame…* **Exprimer ses goûts (2) :** *Miam, c'est bon !* **Compter jusqu'à 20.** **Proposer à quelqu'un de faire quelque chose :** *Tu comptes jusqu'à 20 ? Qui joue à cache-cache avec moi ?*	Le marché : fruits, aliments, fleurs Nombres de 10 à 20

PAUSE LECTURE – *Les recettes de Nono et Potchi*
p. 40

Fonctionnement de la langue	Musique de la langue/Phonétique	Découvertes (inter)culturelles	Dessins animés – Projets
		Éveil aux langues Identifier différentes langues du monde. *Bonjour* en plusieurs langues.	
Employer en contexte *je, tu, il, elle* + verbe au présent. Placer les adjectifs de couleurs après le nom.	Activité rythmique : identifier et frapper un rythme.	**1, 2, 3… avec mes doigts** Compter sur ses doigts en France et ailleurs.	**À l'aventure** La course de bateaux
			Mon petit théâtre de marionnettes
Poser des questions avec *qu'est-ce que* : Qu'est-ce que c'est ? Qu'est-ce que tu mets ? Utiliser *un/une/des*. Employer quelques verbes à l'infinitif : *écrire, lire*…	Activité vocale et rythmique : rythmer un petit texte oral avec des percussions corporelles.	Découvrir la semaine d'un écolier français. **Des écoliers du monde entier** Porter un uniforme ou non en classe, en France et dans le monde. Situer diverses villes du monde sur une carte.	**À l'aventure** Vite, à l'école !
			Flip/Flap Mon école et moi
Utiliser la négation : *Il y a / Il n'y a pas de J'aime/ Je n'aime pas.* Utiliser *le/la/les*. Former le pluriel des noms avec *s*.	Prosodie et rythme : frapper le nombre de syllabes sonores dans un mot connu.	Découvrir un jeu enfantin : cache-cache. **Des fruits, des légumes, des fleurs** Identifier divers types de marché. Situer certains pays sur une carte du monde.	**À l'aventure** Une partie de cache-cache
			Mon livre numérique « J'adore / Je déteste »

JE DÉCOUVRE LE FRANÇAIS !

LEÇON 1 — Ma langue au chat

1. Des comptines du monde. Écoute.
   a. Tu entends combien de comptines différentes ?
   b. Tu reconnais quelle(s) langue(s) ?

2. Tu parles déjà français ! Écoute et montre la bonne photo.

Bonjour ! Coucou !

UNITÉ 0

3. Il y a tant de façons de dire « Bonjour » !
Tu reconnais quelles langues ?

Bonjour • Günaydın • Hola • 你好 • صباح الخير • नमस्ते • Hello • Καλημέρα • Dzień dobry

4. Bonjour, bonjour, coucou à tout le monde !
Écoute et fais la ronde avec tes camarades.

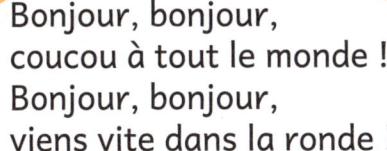

Bonjour, bonjour, coucou à tout le monde !
Bonjour, bonjour, viens vite dans la ronde !

Viens vite !

JE DÉCOUVRE LE FRANÇAIS !

LEÇON 2 — Comment tu t'appelles ?

1. Qui est qui ? Écoute et montre la bonne photo.

 **2.** Je m'appelle… Joue avec tes camarades.

Je m'appelle Iris. Et toi ?

Je m'appelle Léo.

UNITÉ 0

3. A, B, C. Écoute, montre les lettres et répète.

 **4.** Bonjour, bonjour, coucou à tout le monde !
Joue et chante avec tes camarades !

 Et toi ?

UNITÉ 1

COUCOU LES AMIS !

LEÇON 1 C'est qui ?

1. Écoute et montre Rose, Milo, Loulou, Ouaf et Edgar.

2. C'est qui ? Écoute, montre et dis.

Moi, c'est Milo. Et là, c'est Ouaf.

UNITÉ 1

3. Comment ça va ? Écoute et montre.

A   B   C   D

4. Ça va ? Joue avec tes camarades.

Coucou Pablo ! Ça va ?

Salut Iris. Très bien ! Et toi ?

 **5. Coucou les amis, comment ça va ?** Écoute, frappe le rythme et chante.

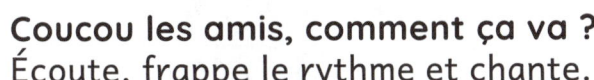

 Comment ça va ? Ça va bien. Et toi ?

LEÇON 2 — De quelle couleur ?

1. Écoute et montre les bons bateaux.

2. Jeu du plus rapide. Joue avec tes camarades.

jaune, bleu, rouge, vert, orange, rose

 3. Comment ça marche ? Observe et dis.

un		🟦	un	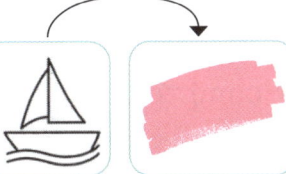	🟪
un		🟨	un		🟩
un		🟧	un		🟥

 4. **Vite en place !** Joue avec tes camarades.

 **5.** Jaune, jaune, jaune,
j'ai un bateau jaune.
a. Regarde la vidéo et découvre la chanson.
b. Chante avec tes camarades.

Un bateau bleu pour moi. Et pour toi, un bateau de quelle couleur ?

LEÇON 3 — Tu as quel âge ?

1. Écoute et compte avec Milo et ses amis.

 **2.** La chanson des chiffres ! Écoute et chante.

 **3.** 6 cherche 4 ! Joue avec tes camarades.

Un, deux, trois, quatre… Et après ?

UNITÉ 1

4. Ils ont quel âge ? Écoute et montre.

5. À l'aventure ! La course de bateaux.

a. Regarde le dessin animé puis remets les images dans l'ordre.

b. Écoute et montre la bonne image.

J'ai sept ans. Et toi ?

1, 2, 3 AVEC MES DOIGTS

Noé habite à Paris.

Il compte de 1 à 10 comme ça :

1 2 3 4 5 6 7 8 9 10

Lei habite à Pékin.

Elle compte de 1 à 10 comme ça :

一 二 三 四 五 六 七 八 九 十

1. Observe et compte sur tes doigts comme Noé.
2. Observe et compte sur tes doigts comme Lei.
3. Montre Paris et Pékin sur la carte, pages 86-87.

PROJET

Mon théâtre de marionnettes

1. Fabrique ta marionnette.

a. Choisis ton personnage, découpe et colorie les 2 faces.

b. Colle 1 petit bâton entre les 2 faces de ta marionnette.

2. Joue avec tes camarades.

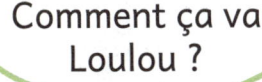 Comment ça va Loulou ?

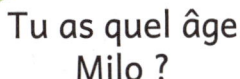 Ça va super ! Et toi ?

Tu as quel âge Milo ?

…

LEÇON 1 — Dans mon cartable

1. Écoute et montre la bonne image.

2. Écoute et donne à chacun son cartable.

Victor

Emma

> Dans mon cartable, il y a un cahier, un livre, une trousse, des ciseaux.

UNITÉ 2

3. **Kim sonore.** Qu'est-ce qui manque ? Regarde, écoute et dis.

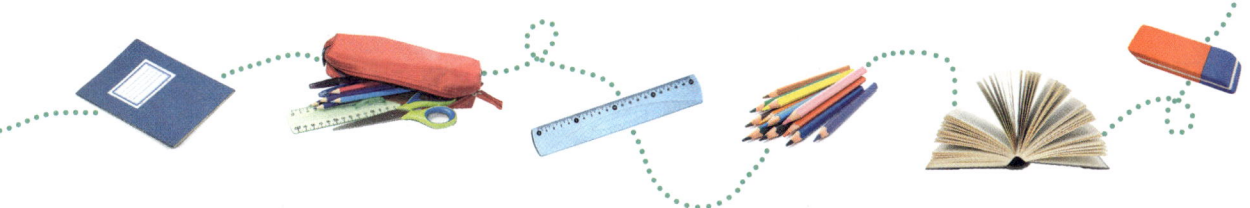

4. **Les yeux bandés.** Joue avec tes camarades.

Qu'est-ce que c'est ?

5. **Tic tac ! Fric frac !** Écoute et dis en rythme.

Dans mon cartable il y a *Tic tac Fric frac*

6. Et dans ton cartable, qu'est-ce qu'il y a ?

Qu'est-ce que c'est ? C'est un crayon ! C'est une gomme ! Ce sont des ciseaux !

LEÇON 2 — Je mets un pantalon

1. Écoute et montre les vêtements de Milo et Loulou.

2. Pablo, Iris, Louise, Gabriel… Qui est qui ? Écoute et dis.

Qu'est-ce qu'elle porte ? Elle porte une jupe rouge, un tee-shirt blanc et des baskets.

UNITÉ 2

 3. **Un, une, des.** Range les cartes. Écoute pour vérifier.

 4. **J'ai… Qui a… ?** Joue avec tes camarades.

« J'ai un pull bleu. Qui a une jupe rouge ? »

 **5.** **Promenons-nous dans les bois.**
   a. Regarde et écoute.
   b. Mime et chante la chanson.

« Je mets une casquette jaune et je sors ! »

 Je mets un pantalon, un pull et des baskets !

LEÇON 3 — Tu aimes dessiner ?

1. Qu'est-ce qu'ils aiment faire ? Écoute et montre la bonne photo.

2. **Kim sonore.** Qu'est-ce qui manque ? Regarde, écoute et dis.

J'aime lire, chanter et jouer.

UNITÉ 2

3. Milo a école quel jour ? Écoute et montre.

ma semaine

4. Les jours de la semaine. Écoute et chante.

5. À l'aventure ! Vite, à l'école !

a. Regarde le dessin animé puis remets les images dans l'ordre.

b. Écoute et montre la bonne image.

La semaine : lundi, mardi, mercredi, jeudi, vendredi, samedi, dimanche.

DES ÉCOLIERS DU MONDE ENTIER

① Je m'appelle Mia.
J'habite à Paris.
Je porte un tee-shirt rose.

② Je m'appelle Bintou.
J'habite à Dakar.
Je porte un tee-shirt jaune, noir et orange.

③ Je m'appelle Kim.
J'habite à Manchester.
Je porte un uniforme :
un pull rouge et une jupe noire.

④ Je m'appelle Aïko.
J'habite à Tokyo.
Je porte un uniforme :
une jupe, une chemise et un chapeau.

1. Écoute et associe à la bonne photo.

2. Lis et associe à la bonne photo.

3. Où habitent Mia, Kim, Bintou et Aïko ? Montre sur la carte p. 86-87.

4. Et toi, tu portes un uniforme à l'école ?

PROJET

FLIP FLAP - Mon école et moi

1. Fabrique ton Flip Flap.

a. Découpe les éléments de ta fiche.

b. Écris, dessine ou colle des photos.

c. Écris le titre sur une feuille cartonnée.

d. Colle et décore.

2. Présente ton Flip Flap à tes camarades.

À l'école, j'aime dessiner…

Dans ma trousse, il y a une gomme, …

MÈNE L'ENQUÊTE AVEC MILO ET OUAF !

Mystère à l'école
Où sont les cartables ?

L'histoire

Les suspects

 Robert
 Margot
 Etoric
 Victor
 Corine
 Hector

Résous les énigmes et trouve le coupable !

1. Choisis la bonne suite logique.

 = B
 = O
● = R

Lettre : ....

2. Regarde les mots. Quelle lettre manque ?

Lettre : ....

3. Quelle est la bonne photo ?

Il porte une chemise rose.

Lettre : ....

4. Quel mot pour la silhouette ?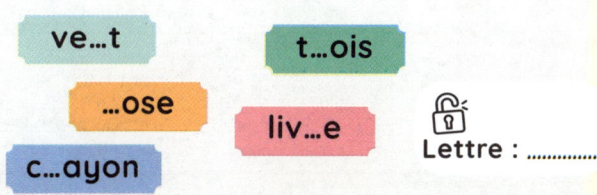

H = 👕
I = 📓
R = ✏️

Lettre : ....

5. Il y a combien de carrés ?

5 = E
8 = N
9 = T

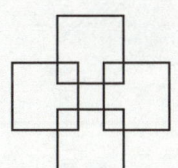

Lettre : ....

6. Milo n'a pas école quel jour ?

mardi = E
mercredi = V
jeudi = C
vendredi = H

Lettre : ....

➡ **Mets les lettres-indices dans l'ordre pour trouver le bon prénom !**

☐ ☐ ☐ ☐ ☐ ☐

UNITÉ 3

C'EST LA FÊTE AU JARDIN !

LEÇON 1 — On va au marché ?

1. Qu'est-ce qu'ils achètent ? Écoute et montre.

2. Où est le panier de Rose ? Écoute et montre.

 Au marché : des ananas, des kiwis, des oranges, des pommes, des raisins, des fleurs…

 UNITÉ 3

 3. Il y a... Il n'y a pas de... Trouve les 9 différences et dis.

 **4.** a. Écoute. Frappe le rythme des mots et répète.

b. Écoute et montre la bonne photo.

 Dans le panier, il y a des pommes.
Il n'y a pas de bananes.

33

LEÇON 2 — Tu n'aimes pas le fromage ?

1. Écoute et montre la bonne image.

2. Écoute encore. Choisis un personnage et joue.

3. Qu'est-ce que Sofia aime ? Qu'est-ce qu'elle n'aime pas ?

J'aime beaucoup les fruits !
J'adore le gâteau au chocolat !

UNITÉ 3

4. **Le**, **la**, **les**. Avec tes camarades, range dans le bon panier. Écoute pour vérifier.

5. **Jeu du post-it.** Pose des questions à tes camarades.

6. **Grrr, on n'aime pas !**
   a. Regarde la vidéo et découvre la chanson.
   b. Chante avec tes camarades.

Je n'aime pas le fromage.
Je déteste les olives !

LEÇON 3 — Je compte jusqu'à 20 !

1. Écoute Milo et compte avec lui sur tes doigts.

17, 18, 19, 20… J'arrive !

 **2. Bingo des nombres.** Écoute et joue avec tes camarades.

Je compte jusqu'à vingt !
… dix-sept, dix-huit, dix-neuf, vingt !

UNITÉ 3

3. **Compte avec moi !** Écoute et répète de plus en plus vite.

4. **À l'aventure !** Fifi a disparu.

a. Regarde le dessin animé, puis trouve l'intrus parmi les images.

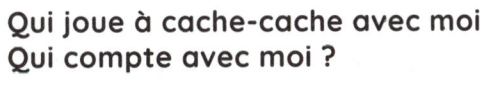

b. Écoute et montre la bonne image.

Qui joue à cache-cache avec moi ?
Qui compte avec moi ?

DES FRUITS, DES LÉGUMES, DES FLEURS...

1. Des bananes, des oranges et des ananas sur un marché à Madagascar.
2. Des marchandes de fleurs au Vietnam.
3. Des carottes, des radis et des oignons sur un marché en France.
4. Ana et sa maman sur un marché au Guatemala.

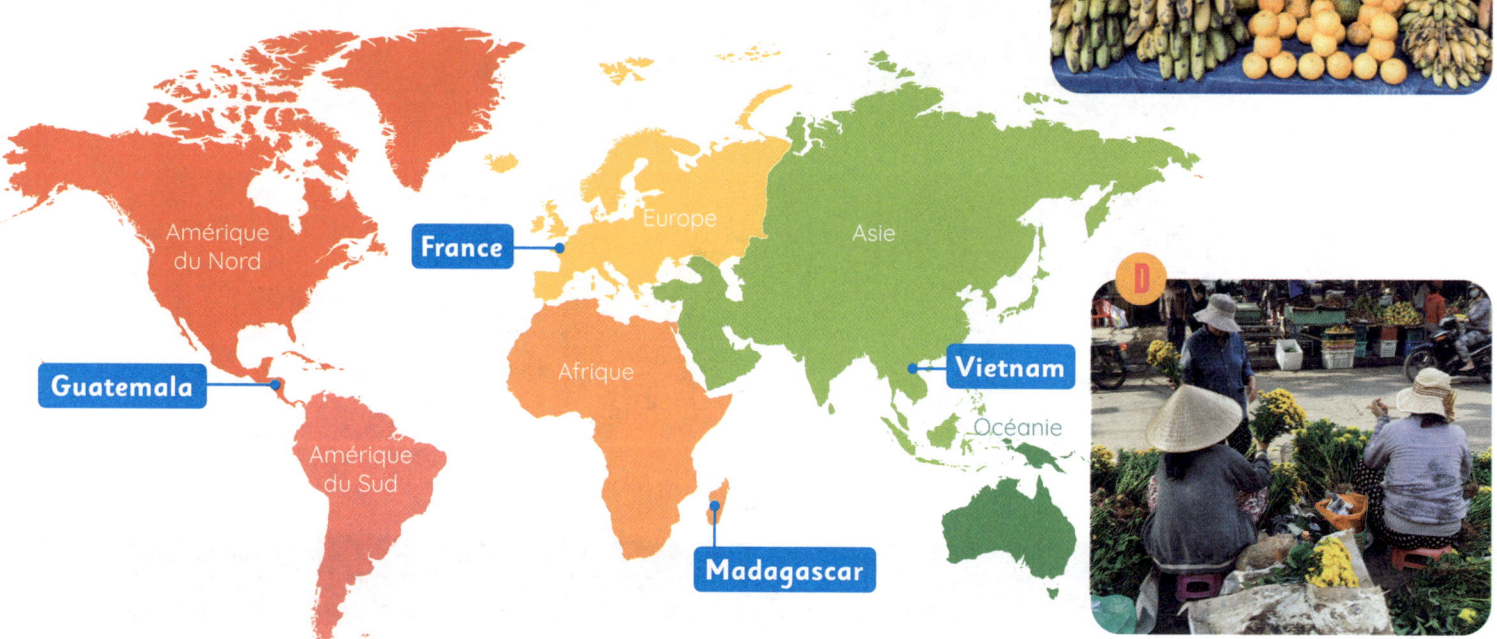

1. Observe et lis. Associe chaque légende à la bonne photo.
2. Montre chaque pays sur la carte.
3. Dans ton pays, qu'est-ce qu'on trouve sur les marchés ? Des fruits ? Des fleurs ? Des vêtements ? Dessine et dis.

PROJET

MON LIVRE NUMÉRIQUE – J'adore / Je déteste

1. Crée ton livre numérique.

a. Dessine ce que tu adores et ce que tu détestes. Photographie tes dessins.

b. Intègre tes photos dans le livre numérique.

c. Écris ton texte : J'adore… Je déteste…

d. Parle et enregistre ton texte.

2. Bravo, le livre est terminé ! Tu peux le visionner, l'écouter et le partager.

(Tu peux aussi créer ton livre papier, puis le présenter à tes camarades.)

J'adore les fleurs !

Je déteste les brocolis !

PAUSE LECTURE

1. Observe la couverture du livre A et dis.

a. Quel est le titre ?
b. Qui a écrit et dessiné le livre ?
c. Qu'est-ce que tu vas trouver dans ce livre :
- une histoire ?
- des poésies ?
- des recettes ?

2. **Observe l'illustration B et dis.**

   a. Il y a quels fruits dans la recette ?
   b. Regarde ces 3 photos. Laquelle correspond à la recette ?

3. **À ton avis, comment s'appelle la recette ?**

   a. Salade de mangues.
   b. Salade de fruits.
   c. Crumble de fruits.

4. **En cours de français ou à la maison, réalise cette recette avec tes amis ou ta famille.**

UNITÉ 0

LEÇON 1 — Ma langue au chat

1. Observe la carte du monde.
Écoute et associe chaque bulle à un enfant.

1 Hello !	2 こんにちは	3 ¡Hola!	4 Привет !
A			

5 你好	6 Jambo !	7 Bonjour !	8 صباح الخير !

2. Écoute et numérote dans l'ordre.

                                              1

UNITÉ 0 - Je découvre le français !

3. Qui parle ?

a. Écoute et coche le bon dessin.

b. Explique ton choix.

1

2

3

4. Complète.

………… Zoé !   ………… Gabi !

UNITÉ 0

LEÇON 2 — Comment tu t'appelles ?

1. Écoute et écris les lettres. Relie au bon dessin. 🎧 4

① une _ _ _ _ _ •   • A

② un _ _ _ •   • B

③ un _ _ _ _ _ •   • C

2. Dis et écris les 4 prénoms dans l'ordre de l'alphabet.

VICTOR — MYA — EMMA — PABLO

..................., ..., ..., ...

UNITÉ 0 - Je découvre le français !

3. Je m'appelle…
Écoute et écris le bon prénom.

Alice – Reza – Nora – Bruno.

....

....

....

....

4. Dessine-toi ou colle une photo. Écris ton prénom.

Je m'appelle

....

UNITÉ 1

LEÇON 1 — C'est qui ?

1. Écoute et numérote dans l'ordre.

2. Complète avec les bons prénoms.

Milo – Rose – Loulou – Ouaf – Edgar

....

....

3. Entoure la phrase qui correspond au dessin.

A
Il s'appelle Milo.
Elle s'appelle Loulou.
Elle s'appelle Rose.

B
Il s'appelle Edgar.
Il s'appelle Ouaf.
Elle s'appelle Rose.

C
Elle s'appelle Milo.
Il s'appelle Milo.
Il s'appelle Edgar.

4. Comment ça va ? Observe et relie.

1 Ça va mal !

2 Ça va super !

3 Ça va bien !

A

B

C

UNITÉ 1

LEÇON 2 — De quelle couleur ?

1. Écoute et colorie.

2. Écoute et trace le chemin de Loulou.

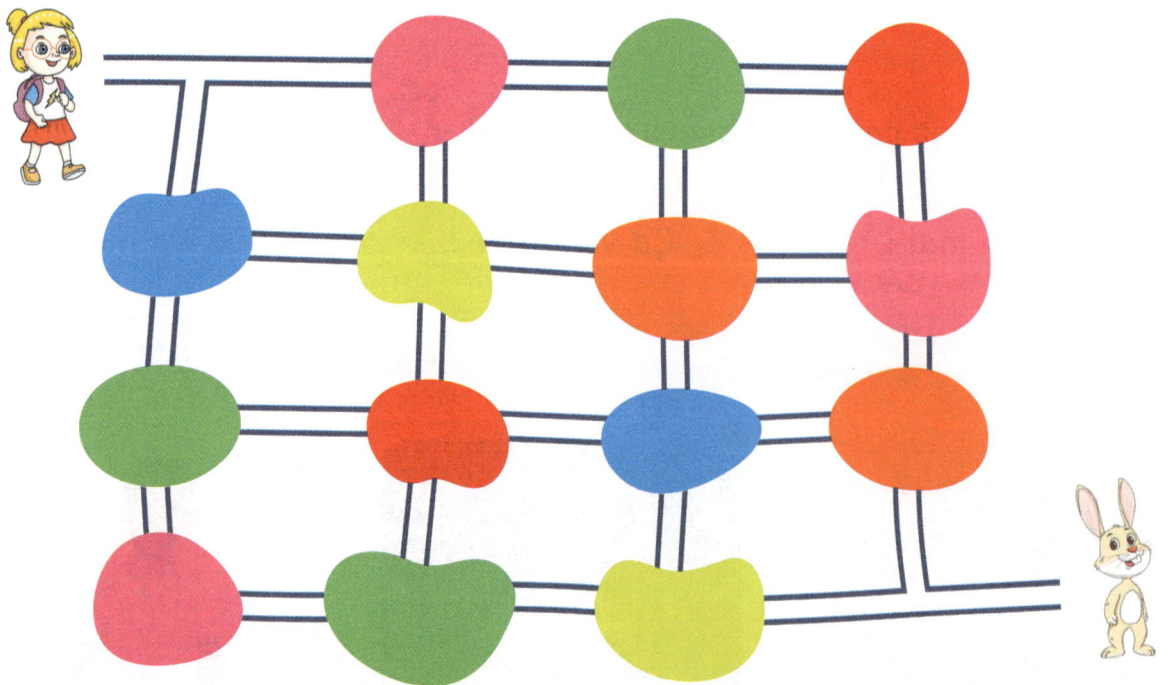

3. Observe et relie.

rose

orange

jaune

bleu

vert

rouge

4. Phrase-serpents ! Sépare les mots, puis écris les phrases.

j'aiunbateauvert.

1 ....

j'aiunbateaujaune.

2 ....

UNITÉ 1

LEÇON 3 — Tu as quel âge ?

1. Écoute et colorie les chiffres.

2. Écoute et numérote dans l'ordre.

UNITÉ 1 - Coucou les amis !

3. Compte, complète et relie à la bonne étiquette.

un   deux   trois   quatre   cinq   six   sept   huit   neuf   dix

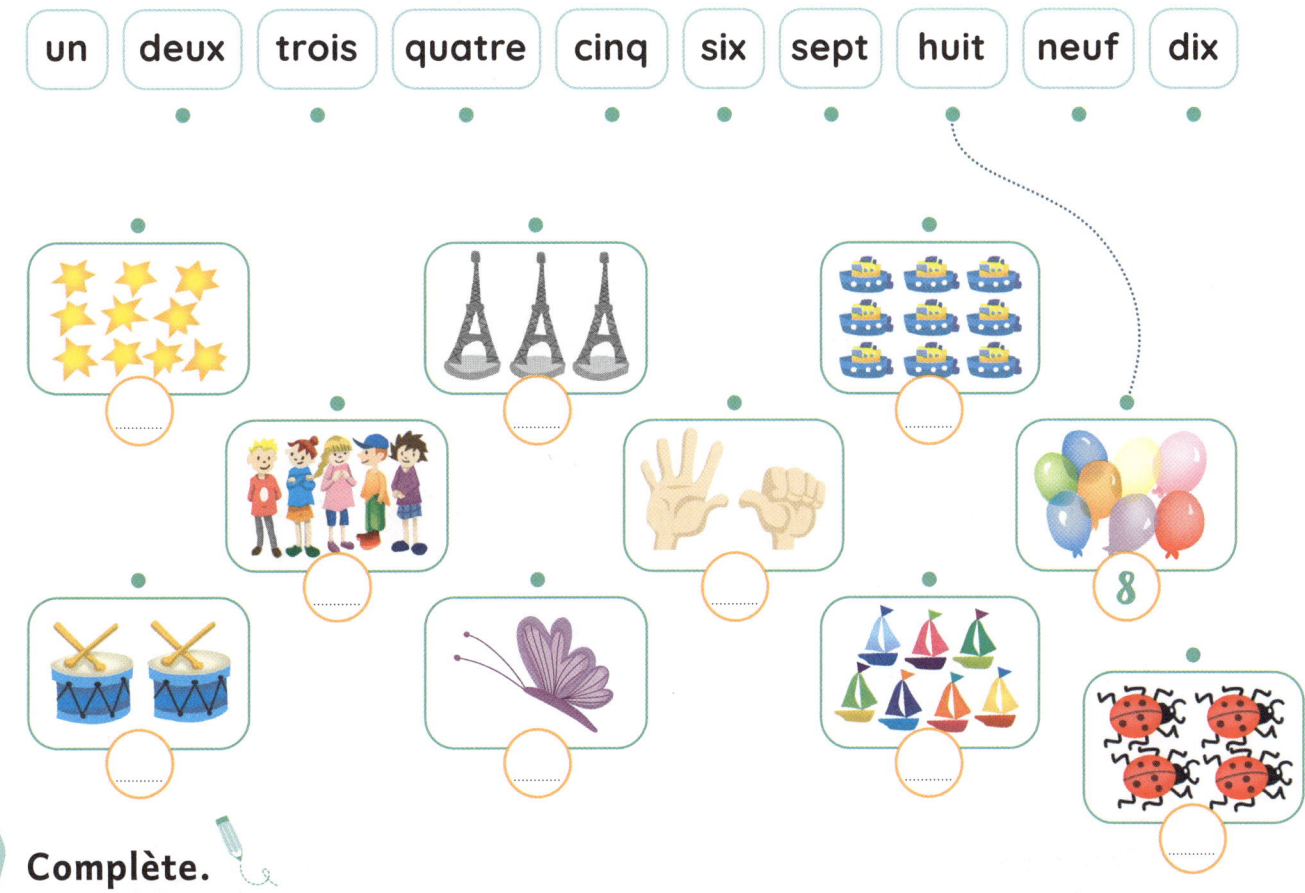

4. Complète.

Il a **cinq** ans.

Elle a ………… ans.

……………………… ans.

5. Et toi, tu as quel âge ? Dessine tes bougies et écris.

j'ai ………… ans.

UNITÉ 1

DES LETTRES ET DES MOTS

1. Trouve et entoure les nombres de un à dix.

u	n	z	d	e	u	x
d	i	x	c	i	n	q
q	u	a	t	r	e	k
w	t	r	o	i	s	a
n	e	u	f	u	v	m
p	q	i	s	e	p	t
s	i	x	h	u	i	t

2. Complète les mots fléchés.

rouge – jaune – vert – rose – bleu – jaune – orange

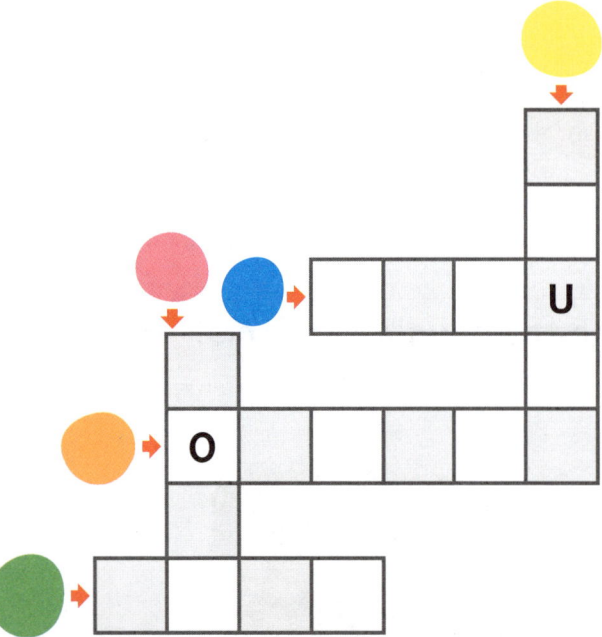

UNITÉ 1 - Coucou les amis !

JE LIS, JE COMPRENDS

1. Lis et relie au bon dessin.

A. Bonjour madame. Je m'appelle Loulou.

B. Super ! Bravo Rose !

C. Un bateau Rose pour Rose ! Ah ah...

D. Moi, c'est Milo !

2. Lis et dessine.

Il y a quatre bateaux sur l'eau : un bateau rose, un bateau jaune, un bateau bleu et un bateau rouge.

UNITÉ 1

MATHS EN FRANÇAIS

1. Complète le sudoku avec tes camarades.

3	4	1	
	2		
		2	
	1	4	3

2. Complète.

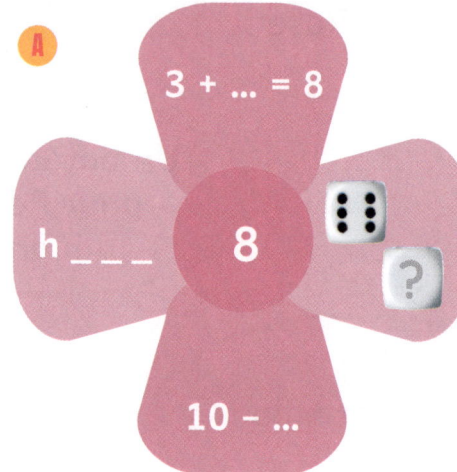

3. Observe et colorie.

1 = jaune
2 = rose
3 = rouge
4 = bleu
5 = orange
6 = vert

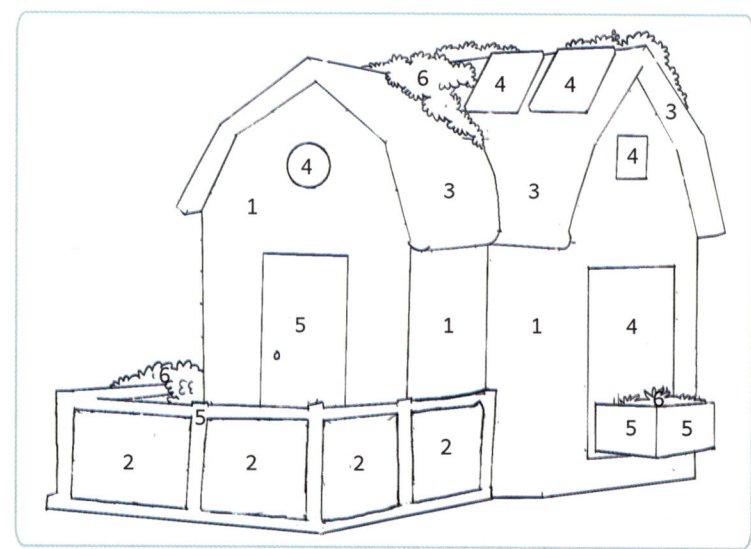

BILAN

Tic Tac Toc ! Joue avec un(e) camarade.
Choisis un numéro et réponds aux questions.

① C'est quelle couleur ? 	② Compte de 10 à 5 ! 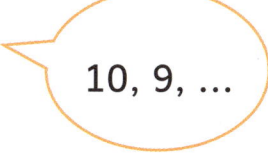	③ Tu as quel âge ? 
④ Il s'appelle comment ? 	⑤ C'est quelle couleur ? 	⑥ C'est qui ? 
⑦ Compte de 7 à 12 ! 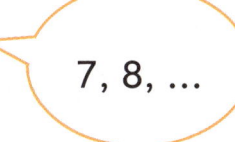	⑧ Compte ! 	⑨ Tu t'appelles comment ? 

Réfléchis et colorie.

- Je sais dire comment je m'appelle. ☆
- Je sais présenter quelqu'un. ☆
- Je connais 6 couleurs. ☆
- Je sais compter jusqu'à 10. ☆
- Je sais dire mon âge. ☆

UNITÉ 2

LEÇON 1 — Dans mon cartable

1. Écoute et colorie.

2. Qu'est-ce que c'est ? **Lis et relie le mot à son ombre.**

1. un cahier
2. un livre
3. une gomme
4. un crayon 
5. une trousse
6. des ciseaux
7. un cartable
8. une règle

UNITÉ 2 - En route pour l'école !

3. Observe le dessin, compte et complète.

Il y a .... trousses, ... crayons, ... gommes, ... règles et .... ciseaux.

4. Complète les dominos. Écris ou dessine.

UNITÉ 2

LEÇON 2 — Je mets un pantalon

1. Écoute et numérote les dessins.

2. Entoure 6 vêtements. Écoute et joue avec tes camarades.

BINGO !

UNITÉ 2 - En route pour l'école !

3. Lis et relie.

1. un tee-shirt — A une ▢▢▢▢
2. un pantalon — B un ▢▢▢ – ▢▢▢▢▢
3. une jupe — C une ▢▢▢▢▢▢▢▢
4. une chemise — D un ▢▢▢▢▢▢▢
5. une casquette — E une ▢▢▢▢▢▢▢
6. des baskets — F des ▢▢▢▢▢▢▢

4. Que dit le loup ? Complète.

Je mets un ▢▢▢▢▢▢▢▢, et une ▢▢▢▢▢▢▢▢▢.

5. Que porte Léa ? Complète.

Elle porte :
une .... jaune,
un ....,
un ....,
des .... blanches.

UNITÉ 2

LEÇON 3 — Tu aimes dessiner ?

1. Qu'est-ce qu'il/elle aime faire ? **Écoute et numérote.**

2. Lis et relie.

A J'aime dessiner.

B J'aime lire.

C J'aime compter.

D J'aime jouer.

E J'aime chanter.

F J'aime écrire.

62 UNITÉ 2 - En route pour l'école !

3. Les 7 jours de la semaine. **Sépare les mots.**

lundi/mardimercredijeudivendredisamedidimanche

4. Mots croisés ! **Complète.**

LUNDI - MARDI - MERCREDI - JEUDI - VENDREDI - SAMEDI - DIMANCHE

5. Qu'est-ce que tu aimes faire le week-end (samedi et dimanche) ? Dessine et écris.

Le week-end, j'aime ....
....
....
....
....
....

UNITÉ 2

DES LETTRES ET DES MOTS

1. Entoure en bleu ou en rouge. Écris un ou une.

...un... livre .... pantalon .... tee-shirt .... gomme

.... casquette .... trousse .... crayon .... cartable

2. Remets les lettres dans l'ordre et écris le mot.

une ....

des ....

un ....

3. Qu'est-ce qu'il fait ? Écris la phrase dans l'ordre.

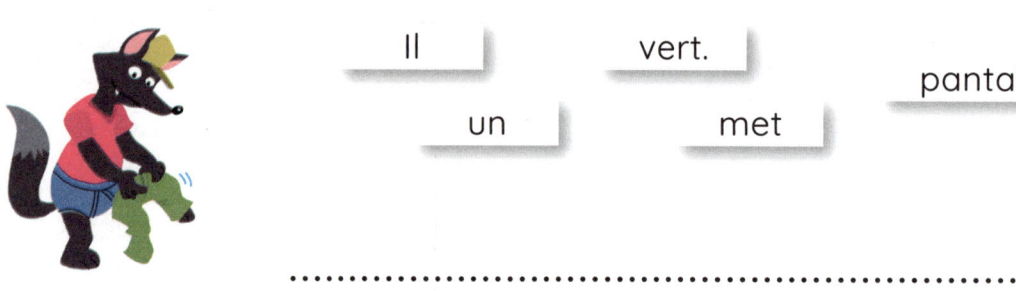

....

JE LIS, JE COMPRENDS

1. Observe le tableau.
Lis les phrases. Entoure V (vrai) ou F (faux).

❶ Louise aime chanter, jouer et compter.   V   F
❷ Paul aime lire et chanter. Il aime aussi écrire.   V   F
❸ Emma aime jouer et écrire. Elle aime aussi dessiner.   V   F

2. Lis et coche le bon dessin, puis colorie.

> Dans mon armoire il y a : un pantalon rouge, une jupe rose, un tee-shirt jaune et un tee-shirt vert, une casquette jaune, un pull rose, des baskets rouges et un cartable vert.

UNITÉ 2

GÉOMÉTRIE EN FRANÇAIS !

1. Écris les coordonnées des dessins.

	A	B	C	D	E
1	🖍️		👗		
2		⛵			🧢
3				🚌	
4		🚲			🎒

un bateau : **B, 2**
une casquette : …………
un bus : ………………
un cartable : ……………
un vélo : ………………
une jupe : ………………
un crayon : ………………

2. Écoute et numérote les figures planes. 🎧

◯ un carré   ◯ un triangle   ◯ un rectangle   ◯ un rond

3. Observe. Il y a combien de ■, de ▲, de ▬ et de ● ?

Il y a …… carrés,
…… triangles,
…… rectangles
et …… cercles.

UNITÉ 2 - En route pour l'école !

BILAN

Jeu des dix différences.
Avec un camarade, trouve les différences et dis.

Réfléchis et colorie.

• Je connais le matériel scolaire (quelques objets).	☆
• Je connais les jours de la semaine.	☆
• Je peux dire quels vêtements je mets.	☆
• Je peux dire ce qu'une personne porte.	☆
• Je peux dire ce que j'aime faire.	☆

UNITÉ 3

LEÇON 1 — On va au marché ?

1. Écoute et coche le bon dessin. 🎧 16 ✏️

2. Écoute et frappe le rythme du mot dans tes mains, 🎧 17 ✏️ puis complète le tableau.

	👏	👏 👏	👏 👏 👏
🍍			✓
🍏			
🍌			
🍊			
🌸			

UNITÉ 3 – C'est la fête au jardin !

3. Écoute et écris les mots. Relie à la bonne photo.

1. une _ _ _ _ _ _
2. un _ _ _ _ _ _
3. une _ _ _ _ _ _
4. un _ _ _ _
5. une _ _ _ _ _ _ _
6. un _ _ _ _ _ _

4. Lis et dessine.

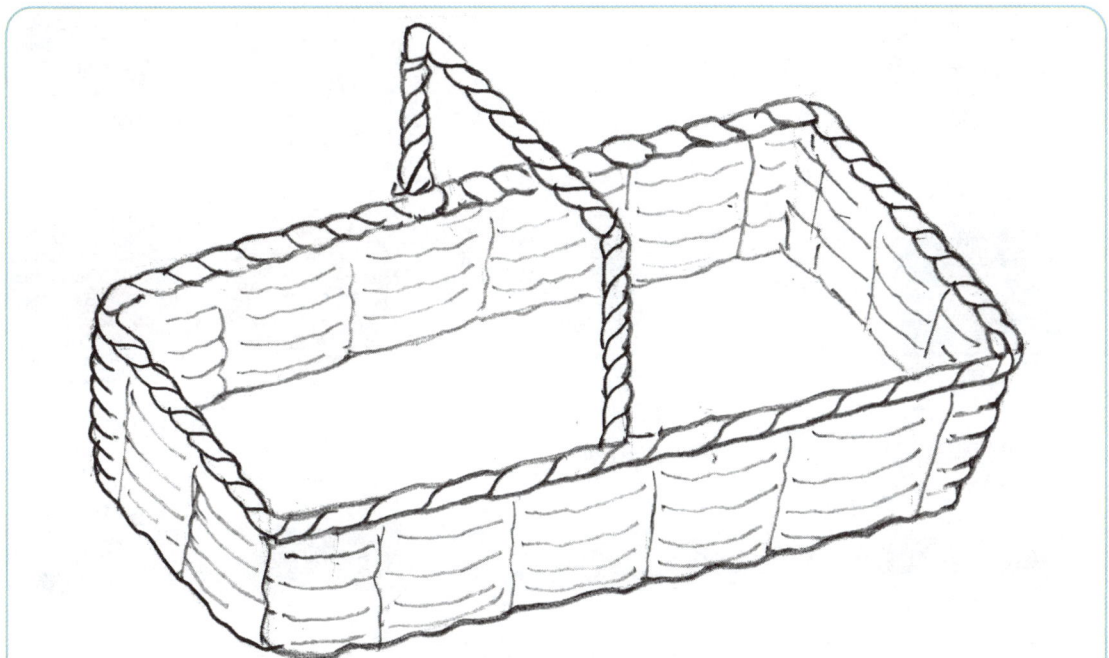

Dans le panier, il y a trois pomme**s**, une orange, deux kiwi**s**, deux raisin**s** et un ananas. Il n'y a pas de banane**s** et il n'y a pas de fleur**s**.

UNITÉ 3

LEÇON 2 — Tu n'aimes pas le fromage ?

1. Écoute et entoure.

- En vert ce qu'Enzo aime. ♥
- En rouge ce qu'il n'aime pas. ✗

2. Suis les chemins et complète les phrases.

① Rose adore les .... Elle déteste les ....
② Milo adore le .... Il déteste les ....
③ Loulou adore la .... Elle déteste les ....

UNITÉ 3 - C'est la fête au jardin !

3. Observe le tableau et lis les phrases.
Entoure V (vrai) ou F (faux).

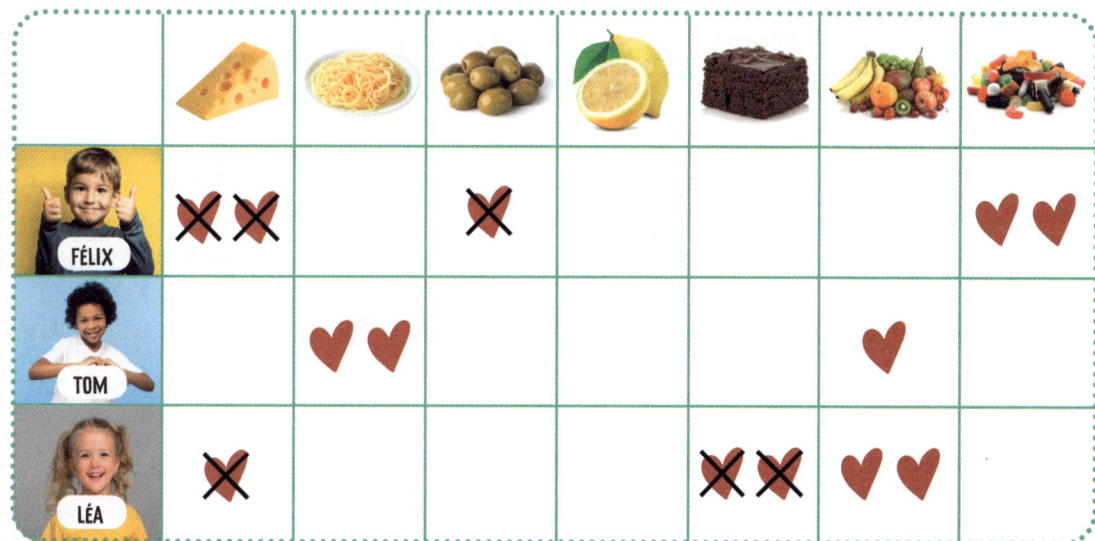

① Léa déteste le gâteau au chocolat. Elle n'aime pas
le fromage et elle déteste les fruits.   V   F

② Tom aime les fruits et déteste les spaghettis.   V   F

③ Félix adore les bonbons. Il n'aime pas les olives
et il déteste le fromage.   V   F

4. Interroge ton voisin ou ta voisine. Qu'est-ce qu'il/elle aime ?
Qu'est-ce qu'il/elle n'aime pas ?

Il/Elle aime

....
....
....
....

Il/Elle n'aime pas

....
....
....
....

UNITÉ 3

LEÇON 3 — Tu comptes jusqu'à 20 ?

1. Un peu de calcul ! Écoute et complète les opérations.

A .... + ... = 15

B .... + ... = 17

C .... + 6 = ...

D .... + 1 = ...

E .... − 3 = ...

F .... + ... = 23

2. Lis le nombre et colorie.

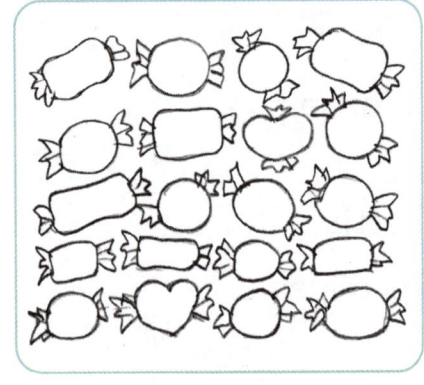
dix-sept

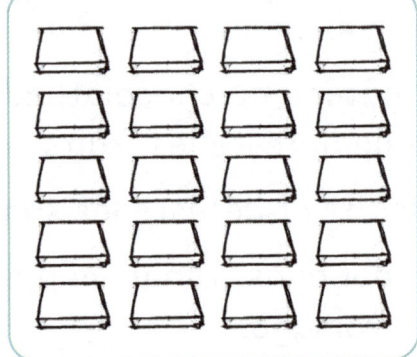
treize

onze

3. Lis et colorie d'une même couleur.

quatorze

20

vingt

18

quinze

seize

12

14

dix-neuf

16

15

dix-huit

douze

19

4. Fifi a disparu !

a. Observe et numérote les images dans l'ordre comme dans le dessin animé.
b. Relie chaque image à la bonne bulle.

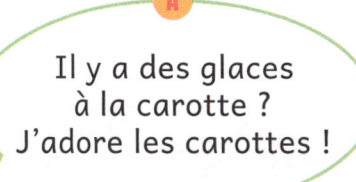
A — Il y a des glaces à la carotte ? J'adore les carottes !

B — Il s'appelle Fifi !

C — Fifi a disparu !

D — Pour moi, une glace à la banane ! C'est ma glace préférée.

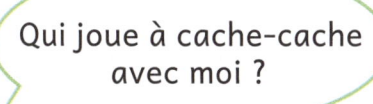

E — Qui joue à cache-cache avec moi ?

F — Viens Fifi, viens petit chat !

UNITÉ 3

DES SONS ET DES PHRASES

1. Qu'est-ce que tu entends ? Écoute et coche.

2. Écris les phrases dans l'ordre.

les   adore   glaces.   Elle

❶ ....

brocolis.   Elle   pas   aime   n'   les

❷ ....

JE LIS, JE COMPRENDS

1. Observe la mémo-carte de Milo. Qu'est-ce que tu lis ?

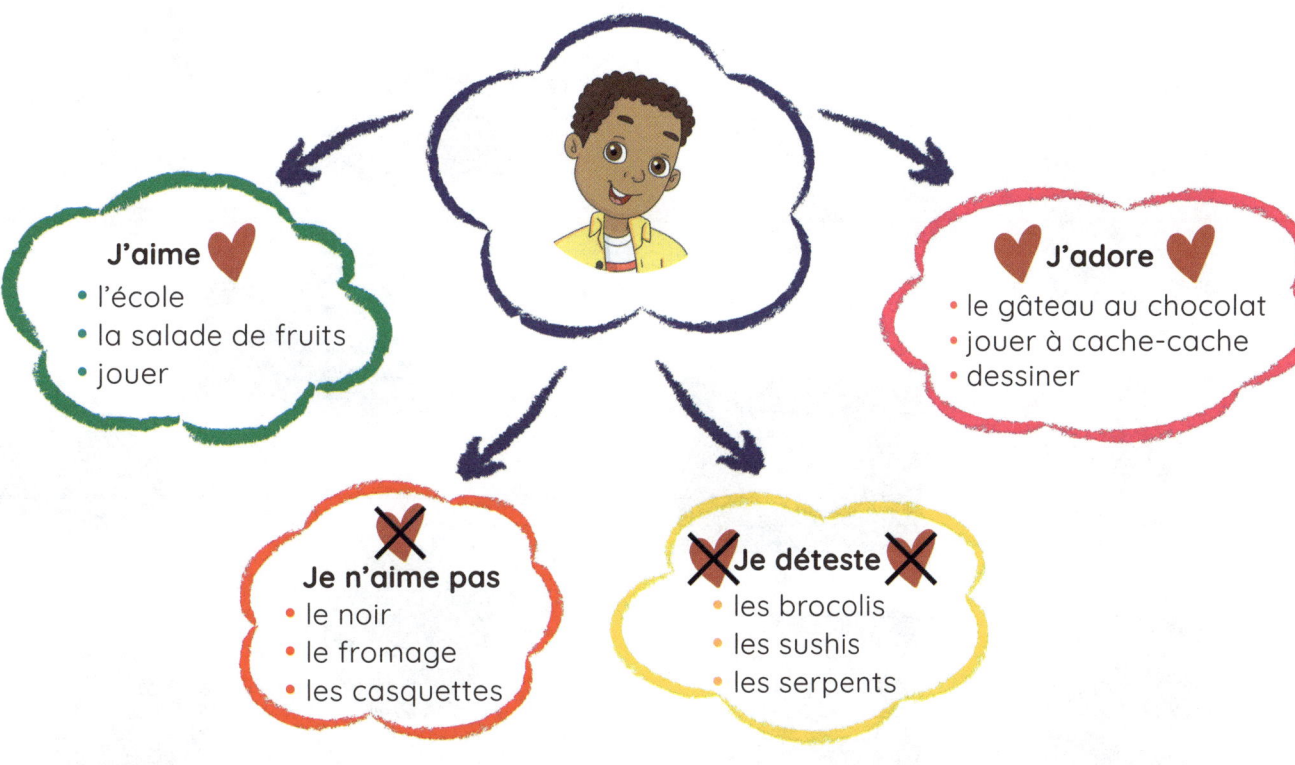

2. À toi. Réalise la mémo-carte de tes goûts. Présente-la à tes camarades.

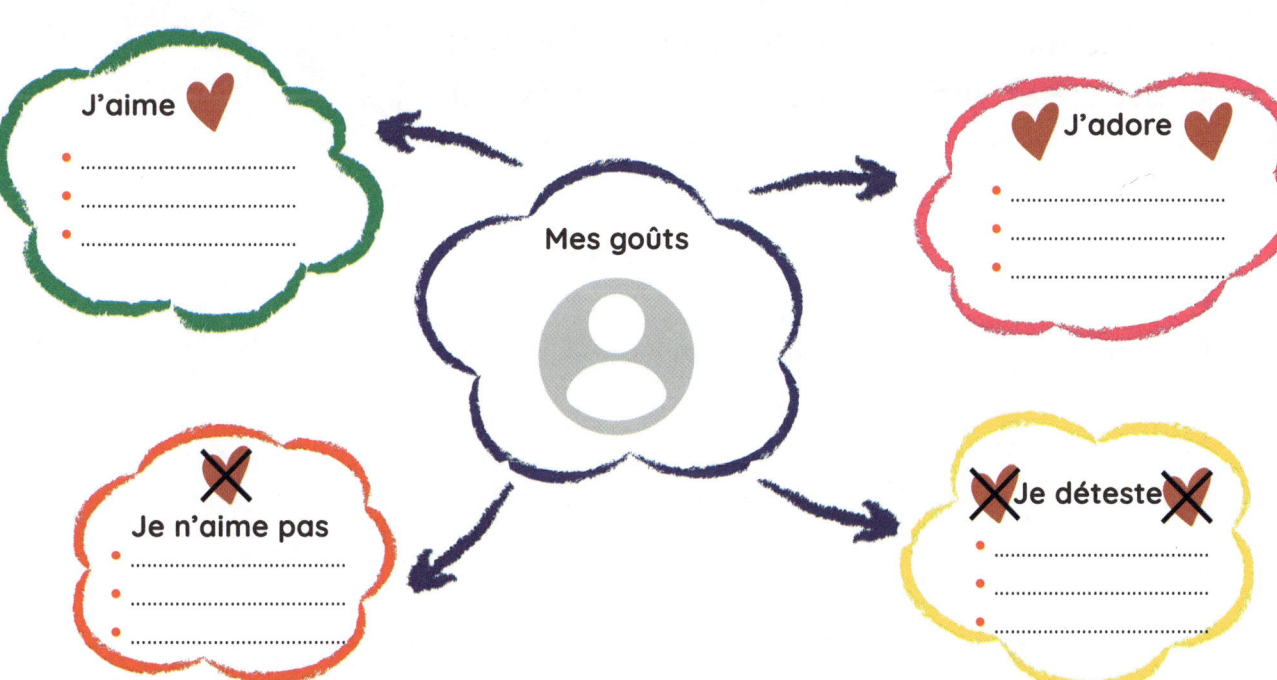

UNITÉ 3

BIOLOGIE EN FRANÇAIS

1. Les graines : pépins ou noyaux ? Relie au bon fruit.

2. Le goût : salé, sucré ou acide ?
   a. Découpe et place les aliments dans le tableau.
   b. Écoute et vérifie ton classement, puis colle.

BILAN

Les 6 couleurs ! Joue avec un(e) camarade. Lance ton dé et réponds à une question de la couleur indiquée. Réponds en premier à 6 questions de 6 couleurs différentes et tu as gagné !

- L'  est salé ?
- Tu aimes le 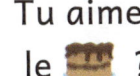 ?
- Qu'est-ce que c'est ?
- Le  est sucré ?

- Qu'est-ce que c'est ?
- Qu'est-ce que tu détestes faire ?
- Compte de 18 à 23 !
- Frappe le rythme !

- Qu'est-ce que tu adores faire ?
- Compte de 11 à 17 !
- Frappe le rythme !
- Qu'est-ce que tu n'aimes pas ?

Réfléchis et colorie.

• Je connais quelques fruits et quelques aliments.	☆
• Je peux dire ce qu'il y a et ce qu'il n'y a pas quelque part.	☆
• Je peux exprimer mes goûts : ce que j'aime et ce que j'adore, ce que je n'aime pas et ce que je déteste.	☆
• Je peux compter jusqu'à 23.	☆
• Je peux caractériser la saveur des aliments : salé, sucré, acide.	☆

MON PETIT DICTIONNAIRE

UNITÉ 0

Bonjour ! - Salut ! - Coucou ! - Au revoir ! - Comment tu t'appelles ?

UNITÉ 1

Moi, c'est Milo ! - Là, c'est Rose !

Comment ça va ?

Ça va bien ! — Ça va super ! — Ça va mal ! — Ça va comme ci, comme ça.

le bateau — le taxi — bleu — jaune — orange

rose — rouge — vert — un — deux — trois — quatre

cinq — six — sept — huit — neuf — dix — J'ai sept ans.

UNITÉ 3

 le marché
 les fruits
 la salade de fruits
 la banane
 le citron
 le kiwi

 la mangue
 l'orange
 la pomme
 le raisin
 la carotte
 les olives

 le fromage
 la pizza
 les spaghettis
 le chocolat
 le gâteau

 la glace
 les bonbons
 le nounours
 le panier
 le chat

 J'adore
 Je déteste
 Je n'aime pas
 Cache-cache / Je joue à cache-cache

CHANSONS

UNITÉ 0 — « Bonjour, bonjour, coucou à tout le monde ! »

Bonjour, bonjour,
Coucou à tout le monde
Bonjour, bonjour
Viens vite dans la ronde !

Am stram gram
Pique dame !

x3

UNITÉ 0 — « Bonjour, bonjour, coucou à tout le monde ! »

Bonjour, bonjour,
Coucou à tout le monde
Bonjour, bonjour
Viens vite dans la ronde !

ROSE
Je m'appelle Rose, je m'appelle Rose,
Coucou à tout le monde
Je m'appelle Rose, je m'appelle Rose
Et j'entre dans la ronde.

Refrain

MILO
Je m'appelle Milo, je m'appelle Milo
Coucou à tout le monde
Je m'appelle Milo, je m'appelle Milo
Et j'entre dans la ronde.

Refrain

LOULOU
Je m'appelle Loulou, je m'appelle Loulou
Coucou à tout le monde
Je m'appelle Loulou, je m'appelle Loulou
Et j'entre dans la ronde.

Refrain

EDGAR
Je m'appelle Edgar, je m'appelle Edgar
Coucou à tout le monde
Je m'appelle Edgar, je m'appelle Edgar
Et j'entre dans la ronde.

Refrain

OUAF
Je m'appelle Ouaf, je m'appelle Ouaf
Coucou à tout le monde
Je m'appelle Ouaf, je m'appelle Ouaf
Et j'entre dans la ronde.

Refrain

UNITÉ 1 — « Jaune, jaune, jaune, j'ai un bateau jaune »

Jaune, jaune, jaune, j'ai un bateau jaune
Il est joli
Il vogue, il vogue, il vogue,
Jaune, jaune, jaune, j'ai un bateau jaune
Bleu, bleu, bleu, j'ai un bateau bleu
Il est joli
Il vogue, il vogue, il vogue

Bleu, bleu, bleu, j'ai un bateau bleu
Rose, rose, rose, j'ai un bateau rose
Il est joli
Il vogue, il vogue, il vogue
Rose, rose, rose, j'ai un bateau rose
Vert, vert, vert, j'ai un bateau vert
Il est joli
Il vogue, il vogue, il vogue
Vert, vert, vert, j'ai un bateau vert

UNITÉ 1 — « La chanson des chiffres »

(En chœur)
1, 2, 3, 4, 5, 6, 7, 8, 9, 10
– Après 3, il y a quel chiffre ?
– 4 !

Refrain

– Après 6, il y a quel chiffre ?
– 7 !

Refrain

– Après 9, il y a quel chiffre ?
– 10 !

Refrain

UNITÉ 2 — « Promenons-nous dans les bois »

(En chœur)
Promenons-nous dans les bois
Pendant que le loup n'y est pas.
Loup y es-tu ?
Entends-tu ?
Que fais-tu ?

LOUP : Je mets une culotte bleue !

Refrain

LOUP : Je mets un pantalon vert !

Refrain

LOUP : Je mets un tee-shirt rose !

Refrain

LOUP : Je mets des chaussettes rouges !

Refrain

LOUP : Je mets des baskets orange !

Refrain

LOUP : Je mets une casquette jaune ! et je sors !!

UNITÉ 2 « Les jours de la semaine »

Lundi, mardi, mercredi, jeudi, vendredi, samedi, dimanche
1, 2, 3, 4, 5, 6, 7
Lundi, mardi, mercredi, jeudi, vendredi, samedi, dimanche
Lundi, mardi, mercredi, jeudi, vendredi, samedi, dimanche
La la la la la la…
Lundi, mardi, mercredi, jeudi, vendredi, samedi, dimanche
1, 2, 3, 4, 5, 6, 7
Lundi, mardi, mercredi, jeudi, vendredi, samedi, dimanche
Lundi, mardi, mercredi, jeudi, vendredi, samedi, dimanche
Ce sont les jours de la semaine, yeh !
Ce sont les jours de la semaine
Lundi, mardi, mercredi, jeudi, vendredi, samedi, dimanche

UNITÉ 3 « Grrr… On n'aime pas ! »

Grrr… On n'aime pas, on n'aime pas du tout !
On n'aime pas, on n'aime pas du tout !
On n'aime pas, on n'aime pas du tout !
On n'aime pas les citrons, on déteste les bonbons,
On n'aime pas les citrons, on déteste les bonbons !
Refrain

On n'aime pas les kiwis, on déteste les spaghettis
On n'aime pas les kiwis, on déteste les spaghettis !
Refrain
On n'aime pas la pizza, on déteste le chocolat !
On n'aime pas la pizza, on déteste le chocolat !
Refrain

UNITÉ 3 « Compte avec moi ! »

Compte, compte, avec moi,
Compte de 10 jusqu'à 23 !
Compte, compte, avec moi,
Compte de 10 jusqu'à 23 !
- 10, 11, 12, 13, 14, 15, 16, 17, 18, 19, 20, 21, 22, 23
- Bravo ! Maintenant plus vite !
Refrain

- 10, 11, 12, 13, 14, 15, 16, 17, 18, 19, 20, 21, 22, 23
- Bravo ! Maintenant encore plus vite !
Refrain
- 10, 11, 12, 13, 14, 15, 16, 17, 18, 19, 20, 21, 22, 23, yeh !

CARTE DU MONDE

OCÉAN ATLANTIQUE

OCÉAN PACIFIQUE

NORD
OUEST — EST
SUD

Crédits photographiques :

Adobe Stock : **p. 4,** haut : © JenkoAtaman ; Stepan Popov (cœur) ; bas : © JenkoAtaman ; A : © tarasov_vl ; B : © Yeti Studio ; C : © Volodymyr Shevchuk ; D : © Patryk Kosmider ; E : © Adhivaswut ; F : © ERIC ; **p. 6,** A : © J Maas/peopleimages.com ; B : © nuzza11 ; C : © michaeljung ; D : © Anton ; **p. 9** vig. 1 : © adisa ; © Caelestiss ; vig. 3 : © caryblade ; Joaquin ; bas (g. à d. et h. en b.) : © barks ; © stockakia ; © lilett ; © grgroup ; © thingamajiggs ; **p. 11,** A : © Prostock-studio ; B : © Krakenimages.com ; C : © Asier ; D : © 5second ; bas g. : © Anatoliy Karlyuk ; d. : © Roquillo ; **p. 13 :** © Digital Bazaar ; Jan Engel ; **p. 15,** A : © mimagephotos ; B : © sofiko14 ; C : © Irina Schmidt ; D : © Ivan Traimak ; **p. 16,** d. : © EdNurg ; © deagreez ; m. : © lom123 ; © kinoco ; g. : © chrwittm ; © Dmitry Lobanov ; b. :© Tatyana ; © csimage ; **p. 19,** vig. 1 : © Igor ; © Sonya illustration ; bas (trousse) : © Maryna Vladymyrska ; **p. 21,** g. à d. : © Björn Wylezich ; © ALF photo ; © Veniamin Kraskov ; © Sergey Sklezneva ; © Markus Mainka ; © DOC RABE Media ; **p. 22,** A : © Анна Демидова ; B : © deagreez ; C : © Pixel-Shot ; D : © JenkoAtaman ; **p. 23,** g. à d. et h. en b. : © Irina Rogova ; © Hayati Kayhan ; © Irina Rogova ; © Vladiri ; © Sergey Sklezneva ; © nys ; © MichaelJBerlin ; © Andrzej Tokarski ; © nys ; © DOC RABE Media ; **p. 24,** 1, A : © aletia2011 ; B : © U. J. Alexander ; C : © New Africa ; D : © Africa Studio ; E : © FAMILY STOCK ; F : © WavebreakMediaMicro ; 2, g. à d. : © Katerina ; © paulaphoto ; © luismolinero ; © paulaphoto ; © luismolinero ; © shangarey ; **p. 25 :** © Igor ; : © Sonya illustration ; **p. 26,** C : © Rido ; D : © Pixel-Shot ; **p. 29,** C : © Dmitriy Vasilenko ; M : © Vadym Drobot ; H : © Africa Studio ; I : © Bjoern Wylezich ; R : © Hayati Kayhan ; **p. 31 :** © Milya Shaykh ; © ONYXprj ; **p. 33 :** © Wise ant ; A : © valeriy555 ; B : © amnach ; C : © valery121283 ; D : © fotostuttgart ; E : © by-studio ; F : © ChaoticDesignStudio ; G : © Roman Samokhin ; **p. 34 :** © Lightfield Studios ; A : © exclusive-design ; B : © Lustrator ; C : © Lustrator ; D : © Chirawan ; E : © ViDi Studio ; F : © Сергей Васильченко ; G : © Evgeniia ; H : © M.studio ; I : © Africa Studio ; **p. 35,** A : © nys ; B : © Natika ; F : © Yeti Studio ; D : © Mongta Studio ; E : © Yeti Studio ; F : © womue ; G : © vovan ; H : © Andrzej Tokarski ; I : © romiri ; J : © Andrey Popov ; **p. 38,** A : © Jérôme Rommé ; B : © Salmonnegro ; D : © tranquocphongvn ; carte : © pyty ; **p. 41,** A : © surabhi25 ; B : © Rhönbergfoto ; C : © olyina ; **p. 44,** de g. à d. : © GoodPics, © by-studio, © Jacek Chabraszewski, © fenskey,© Benjamin Lefebvre ; **p. 46 :** © JenkoAtaman ; **p. 47,** A : © skif ; B : © Krakenimages.com ; C : © deagreez ; D : © r. tumskaia ; **p. 49,** A : © zilvergolf ; B : © nazarovsergey ; C : © Anatoliy Karlyuk ; **p. 54,** haut © Nozomi ; bas : © famveldman ; **p. 56 :** © janvier ; **p. 57, 77 :** © Gelpi ; **p. 60,** de g. à d et de h. en b. : © eightstock, © Kryuchka Yaroslav, © Alex, © nys, © mialcas, © Alexandra_K, © Vladiri, © missty, © nys, © somemeans, © nys, © Оксана Маликова, © chomplearn_2001 ; **p. 61,** ex. 3-1 : © nys ; 2 : © aperturesound ; 3 : © nys ; 4 : © nys ; 5 : © nata777_7 ; 6 : © WIROT, ex. 5 : © Pixel-Shot ; £p. 20, A : © Africa Studio ; B : © Robert Kneschke ; C : © Irina Schmidt ; D : © StockImage Factory ; E : © Syda Productions ; F : © deagreez ; **p. 65,** de h. en b. : © liliyabatyrova, © millaf, © Raisa Kanareva ; **p. 67, 45, 65 :** © deagreez ; **p. 68,** de h. en b. : © gertrudda, © natthapol, © by-studio, © egorxfi, © Anja Kaiser ; **p. 69,** A : © gertrudda ; B : © kovaleva_ka ; C : © Volodymyr Shevchuk ; D : © egorxfi ; E : © Buriy ; F : © Tim UR ; **p. 70,** enfant : © Ievgen Skrypko ; de g. à d et de h. en b. : © guy, © Gresei, © Yeti Studio, © FV Photography, © TeamDF, © Iurii Kachkovskyi, © Benjamin Lefebvre, © Andrei Starostin, © Natika, © eyewave, © mates, © Viktor, © Natika ; **p.71,** de g. à d puis de h. en b. : © Yeti Studio, © Viktor, © Gresei, © Iurii Kachkovskyi, © mates, © baibaz, © eyewave, © Miljan Živković, © khosrork, © КРИСТИНА Игумнова ; **p. 72,** 1 : © Lightfield Studios ; 2 : © SB Arts Media ; **p. 75,** nuages : © Gooseman ; silhouette : © M ; **p. 76,** de g. à d puis de h. en b. : © Food-micro, © Daylight Photo, © Serhiy Shullye, © Viktar Malyshchyts, © natthapol, © Thierry Hoarau, © kovaleva_ka, © Natika, © Unclesam, © alfonsosm, © natthapol, © Buriy.

Alamy : **p. 26,** A : © Jake Lyell ; B : © Photo Japan.; **p. 38,** C : © Micha Klootwijk ;

p. 40-41 : *Les Recettes de Nono et Potchi*, © Le Lézard Noir, Marini Monteany et Mayumi Inoue, 2022.

p. 86-87 : Oscar M. Fernandez Collado.

Direction éditoriale : **Béatrice Rego.**
Marketing : **Thierry Lucas.**
Édition : **Charline Heid-Hollaender, Noëlle Rollet.**
Conception et réalisation couverture : **Miz'enpage.**
Conception maquette intérieure : **Studio Quyo.**
Mise en pages : **AMG.**
Studio : **Lumiiq.**
Photographie : **Elena Alexandrova**
Illustrations : **Lucía Miranda ; Purvish Sheth.**
Animations : **Mitr** (chansons), **Straive** (dessins animés).

© CLE International / Sejer – Paris 2024.
ISBN : 978-209-039687-4

N° d'éditeur : 10301364 - Achevé d'imprimer en juin 2024 par Vincenzo Bona S.p.A. en Italie